# DINANT

## DANS LA HANSE TEUTONIQUE

PAR

### H. PIRENNE

Professeur à l'Université de Gand

*(Extrait du* **Compte rendu du Congrès d'Archéologie et d'Histoire,** *Dinant 1903)*

NAMUR

IMPRIMERIE DE AD. WESMAEL-CHARLIER

Éditeur de la Société archéologique

—

1904

# DINANT

## DANS LA HANSE TEUTONIQUE

PAR

**H. PIRENNE**

Professeur à l'Université de Gand

*(Extrait du* **Compte rendu du Congrès d'Archéologie et d'Histoire,** *Dinant 1903)*

NAMUR

IMPRIMERIE DE AD. WESMAEL-CHARLIER
Éditeur de la Société archéologique

—

1904

# DINANT

## DANS LA HANSE TEUTONIQUE

———

C'est un fait remarquable que, seul dans la Belgique actuelle, Dinant ait fait partie de la Hanse teutonique. Et l'étrangeté de cette affiliation paraît plus grande encore si l'on s'avise que notre ville fut l'unique membre de langue romane que renferma jamais la puissante ligue germanique. Comment la petite cité wallonne réussit-elle à participer aux franchises du *Deutscher Kauffmann?* Comment expliquer qu'en dépit de son éloignement des côtes de la mer et du contraste éclatant qu'elle présente, tant par les mœurs et par la langue que par l'activité économique, avec les ports de la Baltique et de la mer du Nord, elle soit parvenue à s'introduire dans la grande association marchande de la basse Allemagne?

Pourquoi y est-elle entrée, quel rôle y a-t-elle joué, enfin comment en est-elle sortie? Telles sont les questions auxquelles on voudrait répondre dans cette courte étude.

---

1 Ce petit travail a fait l'objet d'une conférence prononcée à la séance d'ouverture du Congrès. La forme sous laquelle il figure ici est nouvelle, mais rien n'a été changé quant au fonds.

La solution du problème doit être cherchée naturellement dans l'histoire économique de Dinant. On peut être assuré, *a priori*, que ce furent les besoins de leur commerce qui poussèrent les marchands dinantais dans la ligue hanséatique. Ils voulurent, sans aucun doute, s'assurer ainsi la protection que celle-ci accordait à ses membres sur tous les marchés du nord de l'Europe.

Ce besoin de protection à l'extérieur ne se comprendrait pas, si Dinant, comme les autres villes du pays de Liége, n'avait pratiqué, au moyen âge, qu'un commerce peu étendu, ne dépassant guère les limites du bassin de la Meuse. Mais on sait suffisamment qu'il dut de bonne heure à l'industrie du cuivre une importance économique européenne. Si, dans les premiers temps, sa voisine mosane, Huy, s'adonna, plus activement peut-être que lui-même, au travail du laiton [1], cette concurrence disparut vers le milieu du XII<sup>e</sup> siècle, et Dinant resta, depuis lors, jusqu'au commencement des temps modernes, le centre le plus actif de la fabrication des objets de cuivre en Occident. Jouissant à cet égard d'un monopole presque exclusif — car la nouvelle rivale qu'il rencontra plus tard en Bouvignes, ne fut pas bien dangereuse avant le XV<sup>e</sup> siècle, — il occupa, dans le domaine de l'industrie métallurgique au moyen âge, une place analogue à celle que les villes flamandes y occupèrent, de leur côté, dans le domaine de l'industrie textile. Comme Gand, Bruges et Ypres, Dinant pratiqua essentiellement, du XIII<sup>e</sup> au XVI<sup>e</sup> siècle, une industrie d'exportation. Pas plus que les draps flamands, les poêles, les bassins, les chandeliers, les chaudrons confectionnés par ses batteurs ne s'écoulaient sur le marché local. C'est à l'extérieur qu'ils trouvaient leurs débouchés, et il suffit de constater, pour se faire une idée de leur rayonnement, que, de même qu'à l'étranger les mots *flamand* et *teinturier* étaient des termes synonymes, de même on arriva à appliquer, en France, l'expression de « Dinants » ou de « Dinantiers » aux artisans du cuivre [2].

---

[1] Voy. G. Kurth, *Renier de Huy, auteur véritable des fonts baptismaux de Saint-Barthélemy de Liége, et le prétendu Lambert Patras* : Bul. de l'Acad. de Belgique, Cl. des Lettres, 1903, p. 519 et suiv.

[2] Pour l'histoire de l'industrie dinantaise, voir H. Pirenne, *Histoire de la*

Par une autre ressemblance encore avec la Flandre, Dinant, ne trouvant pas sur place la matière première nécessaire à son industrie, fut contraint de la faire venir du dehors. Si la vallée de la Meuse fut jadis fort riche en calamine (carbonate de zinc) et s'il faut sans doute expliquer par ce fait la localisation de l'industrie du laiton (alliage de zinc et de cuivre) dans cette contrée [1], en revanche, elle ne présente pas le moindre gisement de cuivre, et les Dinantais durent s'approvisionner de ce métal à l'étranger, comme les Flamands, de leur côté, s'y approvisionnaient de la laine qu'ils mettaient en œuvre. C'est tout d'abord à l'Allemagne qu'ils le demandèrent. Dès le xiie siècle, ils allaient l'acheter au marché de Cologne, ou bien, poussant jusqu'aux célèbres mines de Goslar, ils l'amenaient par chariots aux bords du Rhin où, transbordé dans des barques, on le dirigeait lentement vers la ville en descendant le fleuve jusqu'en Hollande, puis en remontant la Meuse [2]. Il en fut ainsi tant que le transit de l'Europe Occidentale s'accomplit essentiellement par les voies terrestres et par les voies fluviales. Mais quand, vers le milieu du xiiie siècle, l'essor du commerce maritime eut augmenté l'attraction des ports de la côte, Dinant, si activement mêlé à la vie économique, ressentit le contre-coup de cette grande transformation et s'orienta peu à peu dans un autre sens. Sans doute, ses relations avec Cologne demeurèrent fort suivies jusqu'à la fin du moyen âge [3]. Elles perdirent pourtant, au cours du xive siècle, l'importance qu'elles avaient présentée jusqu'alors. Vers 1350, les vieux privilèges jadis octroyés aux Dinantais dans la métropole rhénane étaient tombés en désuétude, et l'on ne voit pas que les tentatives de la ville pour les remettre en vigueur aient été couronnées de succès.

Bref, à cette époque, ce n'était plus par la route du Rhin, c'était par la route de Bruges que s'écoulait la majeure partie des exportations

----

*constitution de la ville de Dinant au moyen âge*, p. 90 et suiv. et A. PINCHART, *Histoire de la dinanderie et de la sculpture de métal en Belgique. Bullet. des Commissions royales d'art et d'archéologie*, t. XIII.

[1] Je dois ces renseignements à l'amabilité de mon excellent collègue M. Cornet.

[2] Voir dans HÖHLBAUM, *Hansisches Urkundenbuch*, t. I, n[os] 22, 61 et 86 des chartes accordées aux Dinantais, à Cologne, en 1171, 1203 et 1211.

[3] H. PIRENNE, *Op. cit.*, pp. 92, 93.

dinantaises. De l'est, sous l'influence de plus en plus attirante du grand port flamand, le commerce des contrées mosanes s'était détourné nettement vers l'ouest.

La mention des produits dinantais dans le tarif du tonlieu de Damme, en 1252, est la plus ancienne preuve des rapports de notre ville avec Bruges. Mais le texte même de cet acte [1] montre que ces produits étaient bien connus déjà aux bords du Zwin au moment de sa rédaction, et l'on peut admettre que c'est depuis le commencement du XIIIᵉ siècle qu'ils avaient commencé d'y paraître. Bruges, avec Damme son avant-port, ne furent pas seulement depuis lors, pour les Dinantais, les principaux débouchés de leur industrie. C'est là aussi, sur ces quais où venaient s'empiler toutes les marchandises et tous les produits du nord de l'Europe, qu'ils achetaient le cuivre brut [2] qu'ils avaient dû tirer jadis à grands frais de Cologne ou de Goslar. Désormais, ils purent s'approvisionner de matière première plus commodément et à meilleur compte, et cette circonstance explique sans doute l'essor que l'art de la batterie prit à partir de la fin du XIIIᵉ siècle.

Parvenus à Damme, les pots et les chaudrons dinantais ne pouvaient manquer d'atteindre bientôt l'Angleterre. Entre la côte flamande et la côte anglaise, en effet, l'intercourse était continuelle : le golfe du Zwin et l'embouchure de la Tamise se renvoyaient les bateaux à travers la mer du Nord, et la production si active des batteurs mosans devait nécessairement être entraînée tôt ou tard sur cette voie nouvelle et si fréquentée. C'était chose faite dès la seconde moitié du XIIIᵉ siècle au plus tard, puisque la première mention de marchands dinantais en Angleterre signalée jusqu'à présent remonte à l'année 1273 [3].

---

[1] « Unus cacabus vel pelvis per se, vel olla cuprea quinque solidorum 1 d., inferius obolum, de decem solidis 2 d., de quindecim solidis 3. d., de viginti solidis et superius 4 d. et nichil amplius, *et si plures sint in uno ligamine facto apud Dinant vel alibi ubi fieri solent, quotquot contineantur in ligamine debent 4 d.* » HÖHLBAUM, *Hansisches Urkundenbuch*, t. I, n° 432, p. 145. On voit par ce texte que Dinant était considéré en Flandre comme le producteur par excellence des ouvrages de batterie *en gros* (et si plures sint, etc.).

[2] Le tarif de Damme cité dans la note précédente mentionne le *lastum cupri*, soit vendu à Damme même, soit passant en transit par ce port. *Ibid.*, p. 145.

[3] HÖHLBAUM, *Hansisches Urkundenbuch*, t. III, p. 407.

En 1301, un extrait des procès-verbaux de la cour du maire de
ondres nous apprend qu'un certain Colard de Wateresseye, ayant été
aisi avec d'autres marchands par Guillaume de Dancastre, créancier
u duc de Brabant, allégua pour sa défense qu'il n'était pas sujet du
uc mais de l'évêque de Liége et obtint d'en pouvoir administrer
a preuve [1]. Il n'est pas difficile de reconnaître, sous le nom légère-
ment altéré par la plume du scribe anglais, le Dinantais Colard ou
Nicolas de Waudrechees. Le même personnage est mentionné à
ondres, dès l'année suivante, comme créancier de Baudouin de
hancers, et cette fois, sous l'appellation tout à fait transparente de
Nicholaus de Waderseye de Dynant [2]. Depuis lors, les concitoyens
de Waudrechees se pressent de plus en plus nombreux sur ses traces.
En 1327, Jean Hasard, Thomas li Vias, Albredus de Scioteriou,
Jean Jacob, *mercatores de Dynaunt de regno Alemannie*, chargent à
Waterford en Irlande, un bateau à destination de Bruges [3]. En 1337,
Jacquemar de Huy, Alard Salmier, Thomas Damhaye, également
qualifiés de *mercatores de Dynant in Alemania* [4] obtiennent
d'Édouard III la restitution de marchandises que l'on avait saisies à leur
détriment. Deux ans plus tard, en 1339, le même prince, récemment
débarqué à Anvers pour chercher à entraîner contre la France toutes
les principautés des Pays-Bas et attentif à satisfaire les villes qu'il
s'efforce de gagner à son alliance, accorde à Gilhechons de Huy, à
la demande des bourgmestres et conseil de Dinant, la rémission de la
peine qu'il avait encourue en quittant, sans autorisation, la nef de
l'amiral Gautier de Mauny sur laquelle il avait été arrêté récemment,
comme il faisait voile vers l'Angleterre dans un bateau brabançon [5].
En 1344, ce sont d'autres dinantais, Jean Hasard, Wautier Spylard,
Jean de Wadesey (Waudrechees), Hubert Salemeer (Salmier), Thomas
Damheye, Lambert Malrethyne (Male-Racine), Gilles de Huy,
Jacob Marde, Alard Salemeer et Jean Lucie, qui protestent, dans

---

1 HÖHLBAUM, *Hansisches Urkundenbuch*, t. II, n° 11, p. 6.
2 *Ibid.*, p. 6, n. 1.
3 *Ibid.*, n° 463, p. 196.
4 *Ibid.*, p. 266, n. 1.
5 *Ibid.*, n° 637, p. 281.

la chancellerie royale, contre l'arrestation de leurs biens
407 livres 16 deniers, à la foire de Winchester, et qui, à la de
de Gautier de Mauny, se rappelant peut-être son origine wal
obtiennent satisfaction [1]. Enfin, en 1354, Servais Gomant « mar
de Dynaunt » se plaint de l'embargo mis sur la cargaison qu'i
chargée à Douvres « en la nief John Petresson de l'Écluse [2], »
peu plus tard, en 1371, nous rencontrons de nouveau le nc
ce personnage avec ceux de Jean Sachel, de Henri Goman
Jacquemin de Huy, de Robert de Waudrechees, de Lamsin L
de Jean Sachiaulx, de Colard Hongherie et de Jacquemin Dollai
tous propriétaires de marchandises venant d'Angleterre et ar
à Damme [3].

En voilà assez sans doute pour donner quelque idée de l'int
du trafic des Dinantais en Angleterre depuis le commenceme
xiv<sup>e</sup> siècle. Pendant les deux premiers tiers du siècle suivant,
à-dire jusqu'au sac de 1466, loin de se ralentir, l'exportation
batterie vers la grande île semble avoir gagné encore en act
En 1450, le conseil urbain affirme que « la noureture et sustent
du peuple sourde et vient d'icellui roialme pour la majeure parti
Cinq ans plus tard, en 1455, à la nouvelle du départ de quel
batteurs pour l'Angleterre dans l'intention d'y établir leur indu
le magistrat s'empresse de les faire poursuivre, et, apprenant
ont été rejoints et arrêtés à Bommel, dans le duché de Gue
supplie l'évêque de Liége d'obtenir leur extradition, car « s'ensi
que les desurdis parvenissent à leur intencion d'astorer ba
oudit roialme d'Angleterre, seroit la diminucion et en partie des
tion de ceste vostre ditte ville, en tant qu'ilz poroient la denré
laditte baterie qui seroit forgie oudit roialme, donner grand c
milleur marchiet que ceste de vostre ditte ville [5]. » Enfin, lors

----

1 Höhlbaum, *Hansisches Urkundenbuch*, t. III, n<sup>os</sup> 39 et 42, pp. 19, 23.
2 *Ibid.*, n° 684, p. 485.
3 Gilliodts van Severen, *Inventaire des Archives de Bruges*, t. II, p.
— Cfr. *Ibid.*, t. IV, p. 334, la mention des marchandises dinantaises à destin
de l'Angleterre enlevées, en 1415, par des pirates écossais et normands.
4 St. Bormans, *Cartulaire de Dinant*, t. II, p. 6.
5 *Ibid.*, t. II, p. 44.

:n 1465, le pays de Liége décida de conclure avec Louis XI une alliance offensive et défensive, Dinant supplia le mambour, Marc le Bade, de s'employer auprès des États pour que « ladite aliance ne fuist point servante contre les Englès, » attendu que, sans cette précaution, les « marchans qui sont à présent audit roialme d'Engleerre seroient de corps et biens attains et confisquiés à totale perdicion; et non point tant seulement iceux, mais ausi pluseurs et grant nombre des bourgois de ladite ville à qui lesdis marchans sont redevaubles de grandes sommes d'argent auroient le leur perdu, car lesdis marchans ne les poroient satisfaire ne contenter [1]. » On voit suffisamment par ces textes que l'Angleterre constituait par excellence, au xvᵉ siècle, le débouché des produits dinantais. Les marchands qui fréquentaient ce pays s'étaient groupés dès lors en une puissante association que l'on appelait la *Compagnie d'Angleterre* [2]. Ce sont les membres de cette compagnie que les textes hanséatiques de l'époque désignent sous le nom d'*Englandsfahrer* [3], et c'est à eux, sans doute, que s'est appliqué primitivement ce sobriquet de *copeirs* (plus tard *copères)*, dérivé du mot anglais *copper* (cuivre), et qui s'est, dans la suite, étendu à leurs compatriotes, lesquels le portent encore de nos jours [4].

---

[1] St. BORMANS, *Op. cit.*, p. 101.

[2] H. PIRENNE, *Histoire de la Constitution de la ville de Dinant*, p. 109.

[3] VON DER ROPP, *Hanse-Herecesse*, von 1431-1476, t. VI, p. 280.

[4] Ce sobriquet pourrait provenir aussi du flamand *coper*, car la fréquentation de Bruges, concurremment avec celle de l'Angleterre, devait avoir répandu, parmi les marchands dinantais, la double connaissance du néerlandais et de l'anglais. D'après ce que M. Maurice Wilmotte veut bien m'écrire, aucune difficulté phonétique ne s'oppose à la dérivation admise ici. Je ne fais que reproduire, d'ailleurs, l'explication traditionnelle du sobriquet des Dinantais. Cette explication a été combattue, en 1892, par C. Boclinville, dans le *Bulletin de Folklore*, t. I, p. 263. D'après lui, copère est tout simplement l'équivalent du mot français compère, lequel désigne souvent les héros des anecdotes ridiculisantes au pays wallon. Compère, il est vrai, se dit en patois dinantais *konpér* et non *kopér*, mais Boclinville croit qu'il y a là une attraction postérieure du français. Il m'est impossible de me rallier à cette manière de voir. Boclinville ne cite que des exemples fort récents du surnom de copères donné aux Dinantais. Il semble n'avoir pas su que celui-ci se rencontre déjà, sous la forme *copeir*, au xvᵉ siècle. Voyez Jean de Stavelot, *Chronique*, p. 365. Or, à cette époque, les Dinantais passaient pour redoutables, non pour ridicules. De plus, la haine que les Namurois, et particulièrement les gens

On reconnaîtra facilement, par ce que l'on vient de lire, que les marchands dinantais du xiv<sup>e</sup> siècle furent essentiellement des marchands voyageurs. Ils convoyaient eux-mêmes leurs denrées sur les marchés de l'étranger ou chargeaient leurs *facteurs* (commis) de les y convoyer à leur place [1].

Ce caractère errant de leur commerce n'a rien qui doive étonner. Il répond, en effet, à la forme habituelle du trafic tel qu'il a été pratiqué au moyen âge. Il est vrai que les villes flamandes, avec lesquelles Dinant nous a paru plus haut présenter des ressemblances frappantes quant à l'organisation économique, abandonnèrent le commerce errant à partir de la fin du xiii<sup>e</sup> siècle. C'est vers ce moment, en effet, que la *Hanse de Londres*, corporation de marchands flamands fréquentant les foires anglaises [2], perd son importance primitive et ne tarde pas à se dissoudre. Depuis lors, les acheteurs étrangers, grâce aux progrès de la navigation, vinrent acheter aux lieux de production les draps de Flandre, et il devint inutile d'aller les leur offrir sur place à grands frais. Mais Dinant était situé trop à l'écart des grandes routes du commerce pour pouvoir jouir de cet avantage. Bien rares furent les marchands étrangers qui, de Bruges ou d'Anvers, entreprirent de remonter jusque dans la vallée de la haute Meuse pour s'y approvisionner de batterie [3]. Il fallut donc transporter aux endroits de vente des denrées que l'on ne venait pas acquérir au lieu de fabrication, et il en résulta nécessairement que les marchands-batteurs de Dinant conservèrent, jusqu'à la fin du moyen âge, ce caractère nomade que les marchands-drapiers de Bruges, de Gand et d'Ypres avaient dépouillé dès le xiii<sup>e</sup> siècle.

---

de Bouvignes, portaient aux Dinantais, leur aurait fourni certainement pour les désigner un autre nom que l'appellation empreinte de bonhomie et de jovialité, qu'est et qu'a toujours été le mot *compère*. Pour plus de détails, voir la petite note que j'ai publiée récemment (1904) dans *Wallonia*, p. 51.

[1] REMACLE, *Inventaire des archives communales de Dinant*, p. 23.

[2] H. PIRENNE, *La Hanse flamande de Londres. Bul. de l'Acad. de Belgique, cl. des Lettres*, 1899, p. 102.

[3] Le seul exemple que je connaisse d'un achat de batterie fait directement à Dinant par un étranger, se trouve dans les *Recesse und andere Akten der Hansetage*, t. III, p. 314. Il est question d'un achat fait dans la ville en 1375, pour le compte

Il reste toutefois à expliquer pourquoi, jusqu'à la fin du xvᵉ siècle, ces marchands poussèrent leurs voyages jusqu'en Angleterre. Il semble, en effet, à première vue, qu'il leur aurait dû suffire de transporter leurs cuivres jusqu'aux quais de Bruges ou jusqu'aux foires d'Anvers, où ils étaient certains de trouver des acheteurs en abondance. Il est évident, d'ailleurs, qu'ils ne durent pas se faire faute de procéder de cette manière. Mais la fréquentation directe de l'Angleterre présentait pour eux des avantages considérables en raison de la situation privilégiée qu'ils avaient réussi à s'y créer et dont il nous reste à nous occuper avec quelques détails.

Si l'organisation économique avait été aussi développée au xiiiᵉ siècle et au commencement du xivᵉ qu'elle le fut au xvᵉ, il est extrêmement probable que les Dinantais n'eussent guère dépassé les grands ports des Pays-Bas. Mais il suffit de se rappeler les conditions du commerce à cette époque pour comprendre qu'ils se virent contraints de transporter eux-mêmes leurs produits de l'autre côté de la mer. En effet, d'une part, le droit urbain interdisant alors aux étrangers la vente en détail, ils ne pouvaient espérer écouler leurs denrées de cette manière soit à Bruges, soit à Anvers, et, d'autre part, l'importance du capital était encore trop minime pour leur permettre, vu le prix élevé des objets de batterie, de compter sur une vente en gros suffisamment active et régulière [1]. Il fallut donc, bon gré mal gré, introduire, pour ainsi dire de force, la production incessante des ateliers mosans sur les marchés étrangers ; il fallut que les marchands, semblables à des explorateurs dans une forêt vierge, créassent eux-mêmes le chemin par où devaient s'écouler leurs marchandises. Suppléant personnellement à l'insuffisance de la circulation et de l'échange commercial, ils furent tout à la fois leurs propres commissionnaires et leurs propres entrepreneurs de transport. Dès la fin du xiiiᵉ siècle, ils embarquaient leurs cuivres à Damme, les déchargeaient à Londres, puis les empilant dans des chariots, s'en allaient de foire en foire les offrir aux acheteurs, poussant même parfois, comme on

[1] Il peut être utile de rappeler ici que l'industrie d'exportation au moyen âge ne travaillait pas sur commande pour l'étranger.

l'a vu plus haut, par une navigation plus lointaine, jusqu'à la côte irlandaise. Après de longs mois de pénibles voyages, leur cargaison écoulée et leur escarcelle bien garnie, ils s'approvisionnaient des laines ou des cuirs que l'Angleterre fournissait en quantité, les ramenaient sur le continent et les vendaient soit en Flandre, soit en Brabant, soit à Dinant même [1]. Peu à peu, ils abandonnèrent ce caractère un peu hétérogène qui nous les fait paraître tout ensemble comme vendeurs de batterie et comme acheteurs de laine ou de cuir [2]. L'intensité croissante de la vie économique les spécialisa. Au xve siècle, ils consacraient une partie de leurs bénéfices à acquérir, dans le pays de Galles ou en Cornouailles, de l'étain que les artisans dinantais alliaient au cuivre et au zinc servant à la confection des objets en laiton [3], et ils rapportaient le reste, sous forme de lettres de change, soit pour payer les maîtres batteurs avec qui ils avaient passé des marchés pour la livraison de leurs produits, soit pour acheter le cuivre brut dont ils approvisionnaient la ville [4].

---

[1] Les Dinantais mentionnés dans l'ile en 1273 (v. p. 4) sont des exportateurs de laine. En 1301, Colard de Waudrechees, dans le texte plus haut, p. 5, se plaint de la confiscation de 12 sacs de laine. En 1327, la cargaison dinantaise arrêtée à Waterford (v. p. 5) est composée de « lanis, correis et aliis bonis et mercimoniis. »

[2] C'est le caractère que présentent encore aujourd'hui nombre de maisons d'exportation trafiquant avec les pays neufs.

[3] Le texte auquel nous empruntons ces détails se trouve reproduit dans la note suivante. Il soulève une question intéressante au point de vue industriel. L'étain n'entre plus de nos jours, en effet, dans la composition du laiton. Il serait intéressant de savoir exactement quelle manipulation lui faisaient subir les batteurs dinantais du xve siècle.

[4] Le texte auquel j'emprunte ces détails est assez intéressant pour devoir être reproduit en entier. Il est extrait d'une réclamation présentée par les Dinantais en 1487 au *Hansetsag* de Lübeck. Les Dinantais ayant voulu vers cette époque, comme on le verra plus loin, exporter des draps anglais sur le continent, les marchands de la Hanse prétendirent le leur interdire, faisant valoir qu'ils n'en avaient pas le droit. Pour défendre leurs prétentions, les députés de la ville s'expriment comme suit : « Accipiunt vero fundamentum aut argumentum istius imbicionis eo quod aiunt nos antiquitus et temporibus suis nos non fuisse usos tam copiose in transmittendis pannis ab Anglia sicut alii de hansza. Verum est et fatemur. Sed accipiant causam non procedentem nec emanantem ex edicto neque statuto contra nos edito in hac parte, discantque, ab antecessoribus nostris et a nobismetipsis ortum et inicium hanc controversiam sumpsisse. Scilicet cum unusquisque mercator ad eum finem tendat ut facultates suas augmentet, compediora et aptiora que potest media investigat ut ad finem optatum perveniat. Hinc est quod dicti predecessores nostri

Mais de combien de difficultés ces opérations, si simples en apparence, n'étaient-elles pas entourées dans la pratique! Le moyen âge, on le sait, est resté complètement indifférent à ces principes d'équité que le droit international cherche à faire triompher de nos jours. Dans la législation commune de cette époque, la condition normale de l'étranger, du « forain, » de l' « aubain, » est l'insécurité permanente. Exposé sur mer aux entreprises des pirates, sur les routes à celles des détrousseurs de grand chemin, il doit encore s'attendre à tout instant à voir ses biens arrêtés ou confisqués, soit en vertu de représailles, soit à l'occasion d'une guerre ou d'un simple conflit politique. En temps ordinaire même, quelles garanties peut-il espérer rencontrer devant des juges prévenus, s'il s'agit de faire rendre gorge à un fonctionnaire avide ou à un créancier récalcitrant? Ainsi, le droit ne le protégeant pas, il doit chercher à pourvoir lui-même à sa sûreté. L'association lui apparaît tout de suite comme le remède par excellence à sa situation, puisque, réunissant les individus isolés en un même corps, elle donnera à chacun d'eux la protection de tous les autres, en même temps que, formant elle-même une personne morale, elle pourra traiter de puissance à puissance avec l'État étranger et obtenir de lui, pour ses membres, des franchises et des privilèges. C'est une association de ce genre, par exemple, que conclurent au xiie siècle, sous le nom de Hanse de Londres, les marchands des villes flamandes trafiquant en Angleterre, et nous savons que les marchands allemands, à la même époque, s'étaient donné également dans ce pays une organisation corporative.

et nos pariter, plus in transportando stanno anglicano usi sumus, quod duabus viis nobis comodi est, in vendicione in cismarinis partibus scilicet et ad mitigandam cupri ariditatem in patellis et lebetibus fiendis. Item per multum usi sumus remittere pecunias provenientes ex nostris venditis mercibus in regno Anglie, plus quam in pannis, eo quod semper opus est nobis promptis pecuniis, tum ad cuprum emendum, ad operarios patellarum solvendos et ad ceteras res illis necessarias. Nichilominus tamen, quociencumque nobis visum fuit utile aut proficuum in pannis emendis, emimus et transmisimus ad Brabanciam et patriam vel alibi, ubi plus valebant. Sic abstinuimus plus ceteris in pannis emendis propter causas predictas non astricti nec compulsi, sed mera et pura voluntate et industria moti propter utile nostrum et comodum. Et hec est summa tocius rei; videant ergo hii, qui nos nituntur ab certissimo privilegio separare, quam insufficiens sit fundamentum eorum. » D. SCHAEFER, *Hanserecesse von 1477-1530*, t. II, pp. 103, 104.

Mais ce que purent faire de bonne heure les Allemands et les Flamands, les Dinantais ne le purent pas.

Nous avons déjà dit, en effet, que seuls, dans le pays de Liége, ils pratiquaient, si l'on peut ainsi parler, le commerce au long cours. Tandis que les bourgeois de Bruges et de Cologne rencontraient de nombreux compatriotes aux bords de la Tamise ou dans les foires de la Grande Bretagne, les Dinantais y trouvaient trop rarement d'autres sujets de leur évêque pour qu'il leur fût possible de songer à créer avec eux une hanse liégeoise [1]. Réduits à ne compter que sur eux-mêmes, ils eussent été trop faibles pour se défendre et il leur fallut donc chercher à se procurer l'appui d'un groupe étranger. Ils le trouvèrent, comme on va le voir, dans la Hanse teutonique.

Le pays de Liége, on le sait, comme toute la région des Pays-Bas située sur la rive droite de l'Escaut, faisait partie de l'Empire. Si, depuis le commencement du xII[e] siècle, ses relations avec cet État diminuèrent si rapidement qu'au siècle suivant elles en arrivèrent à ne plus constituer qu'une sujétion purement théorique [2], il n'en restait pas moins nécessaire pourtant, qu'à l'étranger, les habitants de la principauté épiscopale fussent considérés comme sujets de l'empereur. Or, aux yeux des Anglais, la distinction, déjà difficilement perceptible sur le continent entre l'Empire et l'Allemagne [3], disparaissait tout à fait. La chancellerie des Plantagenets n'établissait pas de différence entre le Saint-Empire et le royaume teutonique qui n'en était, en droit strict, que l'un des membres, et il en résultait que, pour elle, une ville impériale était une ville allemande. C'est de cet état de choses que profitèrent les Dinantais. Tandis que, dans leur pays, ils ne tenaient plus aucun compte de la suzeraineté exercée

---

[1] On rencontre bien quelques Hutois et Liégeois en Angleterre au xIII[e] siècle. Mais ils n'y apparaissent plus au xIV[e]. A cette époque, les seuls habitants du pays de Liége qui semblent avoir fréquenté l'île à côté des Dinantais, mais sans avoir noué avec elle des relations régulières, sont les gens de Saint-Trond.

[2] H. PIRENNE, *Histoire de Belgique*, 2e édit., I. p. 189 et suiv.

[3] On sait que l'Empire renfermait en réalité trois royaumes, ceux d'Allemagne, d'Italie et de Bourgogne. Mais, en fait, son influence sur les deux derniers alla constamment en diminuant depuis la fin du xIII[e] siècle.

sur eux par l'Empereur, ils ne manquèrent pas de s'en prévaloir en Angleterre. Dès lors, on fut amené tout naturellement à les confondre avec les Allemands, et quand, au xiv<sup>e</sup> siècle, les scribes de la chancellerie royale écrivent le nom de leur ville, c'est sous la forme de « Dinant in Alemannia [1] » que celui-ci se rencontre dans les actes dressés par eux.

Réputés allemands par les fonctionnaires royaux, les marchands dinantais comprirent l'avantage qu'ils pouvaient tirer d'une confusion qu'ils n'avaient pas créée. Ils invoquèrent ce nom d'Allemands qu'on leur donnait, en dépit de leur langue wallonne, pour réclamer la participation aux privilèges accordés de bonne heure par les souverains de l'île aux commerçants allemands. Ils finirent par arriver au but. Le 15 mai 1329, Édouard III leur octroya les franchises accordées en 1303 à tous les marchands étrangers et spécialement aux marchands allemands fréquentant son royaume [2]. Ce privilège fut successivement renouvelé le 21 mars 1347 [3], le 8 avril 1352 [4], le 7 mars 1353 [5], le 12 juin 1355 [6] et le 8 mai 1359 [7].

Si précieuse qu'elle fût, l'acquisition des franchises commerciales octroyées aux marchands allemands ne suffisait pas encore à assurer aux Dinantais fréquentant l'Angleterre une sécurité complète. Car

---

[1] Voir par exemple Höhlbaum, *Hansisches Urkundenbuch*, t. II, p. 196 (Dynaunt de regno Alemanie), p. 207 (Dynaunt in Alemannia) etc. Cf. de même, t. III. p. 20 : « comitatus de Loos in Almania. » L'habitude de désigner les localités du pays de Liége comme faisant partie de l'Allemagne, se rencontre déjà en Angleterre au xiii<sup>e</sup> siècle. En 1274, les Patent-Rolls parlent de Huy « de Allemannia. » *Hans. UB.* t. II, p. 407. En principe, on ne peut pas dire que cette manière de parler fût incorrecte, car, depuis la disparition du royaume de Lotharingie, les territoires qui l'avaient composé firent nécessairement partie du royaume d'Allemagne. Mais, ni sur le continent, ni dans les Pays-Bas, on ne les désigna jamais comme appartenant à ce dernier, mais comme se trouvant dans l'Empire. Il faut sans doute attribuer ce fait à la persistance du souvenir de l'ancien royaume lotharingien.

[2] Höhlbaum, *op. cit.*, t. II, n° 482, p. 207.

[3] *Ibid.*, t. III, n° 94, p. 49.

[4] *Ibid.*, n° 233, p. 105.

[5] *Ibid.*, n° 264, p. 121.

[6] *Ibid.*, n° 330, p. 144.

[7] *Ibid.*, n° 446, p. 207. On peut ajouter ici que, le 12 mai 1369, le roi d'Angleterre accorda pour trois ans, une lettre de protection aux Dinantais commerçant en Angleterre. *Hanseakten*, t. IV, n° 194.

le maintien de leurs privilèges n'avait en définitive d'autre garantie que la parole du roi et la bonne volonté de ses officiers. Comment obliger ceux-ci à la respecter s'ils voulaient l'enfreindre? A qui s'adresser en cas de violation? Faibles et isolés comme ils l'étaient, les marchands wallons ne pouvaient songer à se faire rendre justice à eux-mêmes. Ils avaient besoin d'un protecteur assez puissant pour sauvegarder la situation qu'ils venaient d'obtenir. Ils réussirent bientôt à se le procurer.

Au xve siècle, la Hanse teutonique possédait depuis longtemps déjà [1], aux bords de la Tamise, un établissement fixe : le *Stahlhof* ou *Gildehalla Teutonicorum*. Les marchands originaires des villes hanséatiques y trouvaient non seulement un entrepôt pour leurs marchandises et des logements pour leurs personnes : c'est là aussi que siégeaient les représentants de la corporation, les délégués du *Deutscher Kaufmann*, et c'est là, par conséquent, que les négociants hanséatiques étaient sûrs de rencontrer en toute occasion des défenseurs vigilants et énergiques de leurs droits et de leurs intérêts. Les Dinantais ne manquèrent pas de comprendre de quelle importance serait pour eux le recours au *Deutscher Kaufmann* de Londres. A vrai dire, ils ne pouvaient invoquer, pour l'obtenir, aucune raison sérieuse. Leur ville ne faisait pas partie de la confédération des villes maritimes de l'Allemagne du Nord qui constituait la Hanse, et la langue qu'ils parlaient attestait clairement qu'ils n'étaient pas allemands. Mais ils surent tourner la difficulté. Ils profitèrent de ce que la chancellerie anglaise les considérait comme allemands parce qu'ils appartenaient à l'Empire, pour s'introduire subrepticement parmi les allemands authentiques du *Stahlhof*. L'octroi du privilège de 1329 contribuait d'ailleurs à leur en faciliter l'accès. De plus, la connaissance qu'ils avaient acquise des idiomes germaniques par leur fréquentation continuelle des ports flamands et anglais, dissimulait facilement leur origine. Bref, petit à petit, ils se

---

[1] Dès avant 1260. La Gildhalle allemande n'est d'ailleurs qu'une extension de la *Gildhalla* que les Colonais possédaient déjà à Londres vers 1157. Höhlbaum, *op. cit.* t. I, n° 14, p. 8.

trouvèrent introduits au *Stahlhof* sans avoir le droit d'en faire partie. Quoique leur ville demeurât étrangère à la Hanse, ils furent considérés à la longue comme des marchands hanséatiques. Leur situation, singulièrement amphibologique au début, s'affermit avec le temps. Comme toute chose au moyen âge, elle se légalisa par la durée. Les Dinantais « prescrivirent, » pour employer un terme juridique, les privilèges hanséatiques. Ce n'est pas en vertu d'une concession formelle, c'est en vertu de l'adage « possession vaut titre » qu'ils les acquirent.

Il est impossible de savoir exactement à quelle époque les marchands dinantais furent considérés comme membres du *Stahlhof* de Londres. C'était chose faite, en tout cas, au milieu du xiv<sup>e</sup> siècle. En 1344, des marchandises appartenant à dix Dinantais [1] ayant été confisquées à la foire de Saint-Giles près de Winchester (Winton), ceux-ci protestèrent devant la chancellerie royale « qu'ils étaient de la maison connue dans la cité de Londres sous le nom de Guildhall des Allemands, qu'ils la possédaient en commun avec les autres marchands allemands, et ils exhibèrent une charte du roi affranchissant de la confiscation des biens les marchands de cette maison et leurs successeurs [2]. » L'*Alderman* des marchands allemands certifia la vérité de ces allégations et les denrées arrêtées furent

---

[1] Voy. leurs noms plus haut, p. 5.

[2] « Ac predicti mercatores de Dynant in cancellaria nostra personaliter constituti dicunt quod ipsi sunt de domo in civitate Londoniarum, que gildhalla Theutonicorum vulgariter nuncupatur, et quod ipsi domum illam una cum aliis mercatoribus hujusmodi habent, et exhibuerunt hic in curia quandam cartam domini regis inter cetera continentem dictum dominum regem prefatis mercatoribus Almanie et eorum successoribus predictam domum habituris concessisse, quod ipsi aut eorum bona seu mercimonia infra dictum regnum seu potestatem ipsius domini regis pro aliquo debito, de quo fidejussores aut principales debitores non extiterint nec pro aliqua transgressione facta seu facienda per alios quam per ipsos arrestentur seu graventur, bona sua predicta sibi restitui supplicando, presertim cum Johannes Hamondus, major civitatis predicte et aldermannus dictorum mercatorum Almanie predictam domum sic habentium dictum dominum regem in eadem cancellaria certificavit quod prefati mercatores de Dynant sunt mercatores de gildehalla predicta. » Höhlbaum, *Hansisches Urkundenbuch*, t. III, n° 42, p. 23. La charte invoquée par les Dinantais est une charte d'Édouard II du 17 décembre 1317 (*Ibid.*, t. II, p. 131), accordée aux marchands allemands de la Gildhalle de Londres.

rendues à leurs possesseurs. Cet intéressant épisode prouve qu'en
1344 les Dinantais passaient pour affiliés au comptoir hanséatique de
Londres, mais en même temps qu'ils ne pouvaient fournir aucune
preuve écrite de la qualité qu'ils revendiquaient, puisqu'ils invoquèrent simplement le témoignage de l'*Alderman*.

Après 1344, les textes attestant l'affiliation des Dinantais à la
Hanse deviennent nombreux. En 1354, la ville de Londres certifie que
Servais Gomant de Dinant n'est pas anglais mais que « il demoert
entre nous comme marchant estraunge del hanse d'Allemagne [1]. »
En 1407, le roi Henri IV écrit aux collecteurs de l'impôt de 12 deniers
par livre sur les marchandises importées ou exportées, que les
Dinantais doivent en être exemptés au même titre que les marchands
de la Hanse « quia *universi et singuli* mercatores de Denant mercatores Allemannie ac de societate dictorum mercatorum de Hansa et a
tempore confeccionis cartarum et confirmacionis predictarum exti-
terunt, sicut Johannes Shadworthe, aldermannus ipsorum mercatorum de Hansa, in civitate predicta commorans, coram nobis in
cancellaria nostra personaliter constitutus, fide media est testifi-
catus [2]. » On voit par les expressions de cette charte qu'au commencement du xv<sup>e</sup> siècle, la situation des Dinantais dans la Hanse s'était
considérablement affermie. Tandis, en effet, que les attestations pré-
cédentes ne reconnaissent la qualité de membre du *Stahlhof* qu'à des
personnes nominativement désignées, elle est étendue ici à l'*université* de marchands de Dinant. Ainsi, la possession des privilèges
hanséatiques, habilement acquise vers le milieu du xiv<sup>e</sup> siècle par un
petit groupe de marchands dinantais, s'était communiquée tacitement à
tous leurs compatriotes. La qualité de Dinantais suffisait maintenant
pour se réclamer de la Hanse et la ville même de Dinant, bien que
n'ayant jamais demandé son affiliation à la puissante ligue des villes
teutoniques, passa nécessairement pour lui appartenir. Déjà au
xiv<sup>e</sup> siècle, un scribe colonais écrit au dos d'un acte concernant notre
ville : *Dinant in der Deutschen Hanse* [3].

---

[1] Höhlbaum, *Hansisches Urkundenbuch*, t. III, n° 684, p. 485.
[2] K. Kunze, *Hansisches Urkundenbuch*, t. V, n° 778, p. 407.
[3] Höhlbaum, *Hansisches Urkundenbuch*, t. III, p. 303, n.

Pourtant les Allemands ne laissaient pas de reconnaître ce que cet état de choses avait d'anormal. En 1465, au *Hansetag* de Hambourg, réuni pour mettre fin aux différends qui avaient surgi entre la Hanse et le roi d'Angleterre, les envoyés du comptoir de Londres demandèrent conseil sur le fait de Dinant « qui, situé dans le pays de Liége et non dans la Hanse, est cependant protégé par les privilèges de la Hanse. » Il fut répondu que, la paix étant rétablie, Dinant devait, comme les autres villes, rentrer dans la jouissance des franchises « dont il a joui depuis longtemps et sans opposition, de sorte que la possession qu'il en a les lui garantit [1]. » Cette possession sans titre, on le voit, était solide. Elle l'était si bien que l'année même de *Hansetag* de Hambourg, en 1465, le magistrat de Dinant écrivait à l'évêque de Liége que « de trois cents ans ci-devant et de si loing temps qu'il n'est escript ne mémore du commencement, soit à eulx concédé franchiese et liberté ou roialme d'Engleterre telle et saimblable que grant nombre des villes de la hanse d'Allemaigne ont eu et ont au présent [2]. »

Ce texte fait parfaitement ressortir une dernière particularité de la place occupée par Dinant dans la Hanse teutonique. Comme il le dit fort bien, ce n'est, en effet, qu'en Angleterre, que notre ville participa aux franchises du *Deutscher Kaufmann*. En dehors de ce pays, elle n'en revendiqua jamais la jouissance. Aucun texte ne nous la montre soit en Allemagne, soit en Flandre, se réclamer du titre de ville hanséatique. On ne la voit point prendre part aux guerres soutenues par la Hanse, lui payer des subsides, entretenir avec elle des

---

[1] « Item geven desulven sendeboden vor, war men deme heren koninge antworden schole uppe de stad Dianant, de am lande te Lubeke belegenunde nicht in der hansze en is unde wert likewol beschermet van deme kopmanne mit den privilegien van der hansze. Worup geantwortet wart wo in ertiden schelinge unde unwille upgestaen were twisschen deme heren koninge unde deme kopmanne der hansze, so dat de kopman uth Engsland wiikaftich wart unde alse dat wedder versonet wart, so sin de Diananter mede in de besettinge der privilegien gedegedinget unde komen, der se denne wente herto to langen tiden gebruket hebben sunder insaghe so dat se de besittinghe darane beschermet; wolde men der furder bewiisinghe hebben, dar mochte men umme vragen bii der vorscrevenen stad Dianant, ift se des wer hedden. » Von der Ropp, *Hanserecesse von 1431-1476*, t. V, p. 500, § 45.

[2] St. Bormans, *Cartulaire de Dinant*, t. II, n° 95, p. 99.

rapports suivis. Elle ne fut jamais convoquée aux assemblées générales que l'on désignait sous le nom de *Hansetage*, et si elle y envoya souvent des délégués, ce fut toujours exclusivement à l'occasion de ses intérêts en Angleterre. Bref, on peut dire que Dinant ne fut point, à proprement parler, un membre de la Ligue hanséatique : il fut seulement affilié au *Stahlhof* hanséatique de Londres. Il demeura vis-à-vis de la ligue dans la situation assez équivoque d'un participant à part réduite et à responsabilité limitée. Il appartint à la Hanse, mais il ne lui appartint qu'en Angleterre ou, pour mieux dire, il ne lui appartint que quant à l'Angleterre.

Cet état de choses s'explique très facilement par ce que nous savons du commerce dinantais. L'Angleterre, on l'a vu, constituait le principal marché de la batterie en dehors des Pays-Bas. Les marchands de Dinant fréquentaient assidûment la Grande-Bretagne, tandis qu'ils ne s'aventuraient ni sur les côtes septentrionales de la mer du Nord, ni sur celles de la mer Baltique. La protection de la Hanse ne leur était donc précieuse qu'en Angleterre et c'est dans ce pays seulement qu'ils la recherchèrent et qu'ils l'obtinrent.

A Londres même, d'ailleurs, la situation très spéciale et unique de Dinant dans la Hanse se révélait par un signe visible. Les Dinantais possédaient au *Stahlhof* une halle à part qui, jusqu'au grand incendie de Londres en 1666, conserva le nom de *Dinanter halle* [1]. Il est même assez probable qu'ils constituaient un groupe distinct parmi les membres du *Stahlhof*. Nous savons du moins qu'en 1369, le roi d'Angleterre voulant obtenir des subsides du *Deutscher Kaufmann* pour la guerre contre la France, avait taxé les *Deutschen* à 40 livres et les *Dynanter* à 22 livres [2].

Nous avons déjà eu l'occasion de constater les avantages que les marchands dinantais retirèrent de leur affiliation à la Hanse en Angleterre [3]. Non seulement ils participaient à tous les privilèges accordés

---

[1] LAPPENBERG, *Urkundliche Geschichte des hansischen Shalhofes zu London*, p. 35. La dernière mention expresse que je connaisse de la *Dinanter Halle*, se trouve dans HÖHLBAUM, *Kölner Inventar*, t. II, p. 854.

[2] K. KUNZE, *Hansisches Urkundenbuch*, t. IV, n° 317, p. 128.

[3] Voy. plus haut p. 16.

à la ligue, mais ils jouissaient encore, en toute occasion, de la protection de celle-ci. En 1465, ils exposent à l'évêque de Liége qu'en vertu de leur franchise hanséatique « tous ceulx de la ville qui sont ou seront hansiés puellent mener toutes manières de marchandieses, comme batterie, mercerie, grosserie et toutes autres denrées oudit roialme, pour icelles vendre et autres achater et estre trop plus frans que ne soient les Englès en leur propre pays : car de ce que lesdis Englès paient à la gabelle du roy de la libre 12 deniers et autres estraingiers 15 deniers, lesdites villes de la Hanse, avec Dinant, ne paient de la libre que 3 deniers [1]. »

En revanche, les Dinantais furent nécessairement entraînés dans les conflits assez nombreux qui surgirent au cours du xive et du xve siècle entre le *Deutscher Kaufmann* et les rois d'Angleterre. En 1465, le *Hansetag* de Hambourg reconnaît qu'ils ont suivi les Allemands chaque fois que ceux-ci ont abandonné le *Stahlhof* [2]. On possède malheureusement fort peu de détails sur les pertes qu'ils subirent en ces diverses occasions. Nous savons qu'en 1447, des corsaires anglais, pourvus de lettres de marque, leur avaient fait éprouver de sérieux dommages [3]. En 1450, le magistrat prie l'évêque de Liége d'intervenir auprès du roi en faveur des « marchans d'iceste vostre bonne ville arrestés de tous leurs biens généralement et leurs corps retenus prisonniers » à la suite du différend des Anglais avec la Prusse et Lubeck [4]. En 1473 et 1474, Guillaume Carpentier et Jean Salmier sont députés au *Hansetag* d'Utrecht pour obtenir la restitution de marchandises dinantaises saisies en Angleterre pendant les dernières difficultés survenues entre la Hanse et ce pays [5]. Enfin, en 1485, une supplique adressée à Lubeck par Clais Salmier, nous apprend que la reprise des hostilités avait causé aux

---


1 St. Bormans, *Cartulaire de Dinant*, t. II, n° 95, p. 99.

2 Voy. le texte cité plus haut, p. 17, n° 1.

3 Von der Ropp, *op. cit.*, t. VII, p. 726.

4 St. Bormans, *Cartulaire de Dinant*, t. II, n° 70, p. 6.

5 Von der Ropp, *op. cit.*, t. VII, pp. 197, 275. Un document de 1471 nous apprend que le roi avait lancé des lettres contre les Dinantais résidant à Londres, à cause de leur alliance avec les *Osterlins*, c'est-à-dire avec les Hanséates. Voy. *Cartulaire de Dinant*, t. II, n° 163, p. 301.

Dinantais des pertes évaluées à la somme respectable de 3362 livre
sterling [1].

Au moment où cette lettre fut écrite, dix-neuf ans s'étaient écoulé
depuis le sac de Dinant par Charles le Téméraire (1466). Une telle
catastrophe ne pouvait rester sans influence sur les relations de la
ville avec la Hanse. Et, en effet, à partir de l'année 1466 commence,
dans l'histoire de celles-ci, une période nouvelle.

Après l'anéantissement de leur patrie, les batteurs s'étaient réfu-
giés tout d'abord soit à Namur [2], soit à Huy [3], soit même dans la
ville que Pierre Bladelin, trésorier de la Toison d'or et l'un des
favoris du duc de Bourgogne, venait de fonder au milieu de ses
polders des bords de l'Escaut, c'est-à-dire à Middelbourg en
Flandre [4]. Complètement ruinés par l'incendie de leurs forges,
ils durent y mener tout d'abord une existence misérable et se trouvèrent certainement hors d'état d'entretenir leur commerce avec
l'Angleterre. Pendant quelque temps, la *Dinanter Halle* de Londres
dut sans doute rester fermée [5]. Pourtant le courage revint peu à
peu à ces émigrés. Dès le mois de février 1471, ceux de Middelbourg
obtenaient d'Édouard IV la confirmation des privilèges commerciaux
jadis octroyés aux Dinantais [6]. Quant à ceux de Huy, ils négociaient
activement à cette date pour rentrer en possession de leurs franchises hanséatiques. Le 20 mai 1470, ils priaient l'évêque de Liége,
Louis de Bourbon, d'intervenir en leur faveur, auprès des villes de
la Hanse, pour qu'il leur fût permis, en attendant la reconstruction

---

[1] D. Schaefer, *Hanserecesse von 1477-1530*, t. I, p. 560. La lettre de Salmier est
écrite en allemand. On en trouve une traduction française dans le *Cartulaire de
Dinant*, t. III, p. 51.

[2] Dès le 15 septembre 1466, Charles le Téméraire autorise les batteurs dinantais
à s'établir provisoirement à Namur. St. Bormans, *Cartulaire de Dinant*, t. II,
n° 161, p. 294. Cf. Le même, *Cartulaire de Namur*, t. III, pp. 118, 135.

[3] Von der Ropp, *op. cit.*, t. VI, p. 280.

[4] Verschelde, *Geschiedenis van Middelburg in Vlaanderen*.

[5] Dès 1468, deux Dinantais sont déjà mentionnés à Douvres, mais le texte qui
nous apprend ce fait semble indiquer qu'ils y venaient plutôt pour négocier avec la
Hanse que pour faire le commerce. Von der Ropp, *op. cit.*, t. VI, n° 122, p. 93.

[6] St. Bormans, *Cartulaire de Dinant*, t. II, n° 163, p. 300. Le 9 novembre, le roi
confirma cette autorisation « non obstante quod dictum oppidum de Middelburgh
in hansa germanica sive Teutonica non comprehendatur. » *Ibid.*, p. 304 n.

de Dinant, de reprendre leur place au *Stahlhof*[1]. L'évêque s'empressa de leur rendre le service qu'ils lui demandaient. Le 20 mai, il envoyait la supplique des batteurs au *Hansetag* de Lubeck, en l'apostillant favorablement[2]. Les villes répondirent que n'étant pas réunies en nombre suffisant, elles remettaient leur décision sur ce point à leur prochaine assemblée convoquée à Hambourg[3]. Pourtant, le 19 juin, elles autorisèrent, pour un an, les *Englandsfahrer* dinantais à percevoir le payement de leurs créances en Angleterre et à y acheter des marchandises[4]. D'autre part, le 24 août, elles chargèrent les *Olderluden* du comptoir hanséatique de Bruges de continuer, en leur nom, les négociations avec Louis de Bourbon, se déclarant prêtes, moyennant certaines conditions, à rétablir les Dinantais dans leur ancienne situation[5]. Activement conduits par l'évêque, qui semble avoir voulu en cette circonstance réparer les malheurs que sa politique avait contribué jadis à attirer sur ses sujets, les pourparlers aboutirent à la solution souhaitée. Le *Hansetag* de Lubeck autorisa, le 4 avril 1471, les marchands dinantais établis à Huy à jouir, en Angleterre, pour une période de vingt années, des privilèges et franchises hanséatiques qui avaient appartenu aux bourgeois de Dinant. Deux restrictions toutefois, étaient mises à cette concession : tout d'abord, les Dinantais fixés à Huy ne pouvaient former d'association commerciale avec aucun Hutois, ni vendre sous leur nom des denrées appartenant à ces derniers; ensuite l'évêque devait s'engager à interdire complètement à ses sujets l'importation des draps anglais dans la principauté de Liége. On spécifiait d'ailleurs que si, dans l'espace des vingt années, la ville de Dinant était rebâtie, les bourgeois qui viendraient s'y établir rentreraient en possession complète de leurs anciens privilèges[6]. Bien que la Hanse fît payer assez cher sa complaisance en se réservant le monopole de la

1 Von der Ropp. *Hanserecesse 1431-1476*, t. VI, p. 280.

2 *Ibid.*, p. 282.

3 *Ibid.*, p. 293.

4 *Ibid.*, p. 297.

5 *Ibid.*, p. 340.

6 *Ibid.*, p. 412. Une traduction française de l'acte se trouve dans St. Bormans, *Cartulaire de Dinant*, t. II, p. 311.

vente des draps anglais [1] dans le pays de Liége et en grevant ainsi toutes les villes de la principauté au bénéfice d'une seule d'entre elles, Louis de Bourbon accomplit fidèlement les conditions du traité. Le 5 mai 1471, il promulgua la défense qu'il s'était engagé à publier [2].

La convention du 5 avril 1471 n'eut qu'une durée éphémère. Au moment où elle fut conclue, Dinant commençait à se relever de ses ruines, et bientôt les batteurs qui l'avaient quitté vinrent s'y rétablir. Dès lors, en vertu même de l'acte de 1471, la jouissance complète des privilèges hanséatiques dinantais en Angleterre semblait définitivement assurée. Mais la Hanse ne l'entendait pas ainsi. Elle n'avait plus, à la fin du xv⁰ siècle, la vigueur et la prospérité dont elle avait joui antérieurement. Menacée sur mer par les progrès constants de la navigation des Hollandais et des Anglais, sur le continent par la politique des rois de Danemark et des ducs de Bourgogne, elle se trouvait entraînée dans une décadence rapide. Devenant plus faible, elle devint en même temps plus exclusive. Elle veilla plus jalousement sur son commerce à mesure qu'il se raréfiait. Elle crut, exactement comme les corps de métiers à l'époque de leur déclin, que le monopole et le protectionnisme étaient les conditions de la prospérité. Au lieu d'accorder libéralement ses franchises aux étrangers, elle chercha au contraire à s'en réserver étroitement la jouissance. Les Dinantais furent bientôt victimes de cette politique. Sans doute, on ne pouvait les exclure du *Stahlhof* de Londres. Mais la situation mal définie qu'ils y occupaient fournissait un moyen facile de les réduire à la portion congrue et l'on ne s'en fit pas faute. On aperçoit les premières traces d'une réaction contre eux dans le recès du *Hansetag* d'Utrecht de juillet-septembre 1473. On y reconnut, il est vrai, à Dinant la possession des franchises hanséatiques, mais à la condition expresse que ses marchands n'introduiraient parmi eux aucun étranger et qu'ils se borneraient à faire, en Angleterre, « leur commerce habituel [3]. »

---

[1] Le commerce de ces draps était sa principale source de revenus à cette époque.

[2] Von der Ropp, *op. cit.*, t. VI. p. 418.

[3] Von der Ropp, *op. cit.*, t. VII, pp. 4, 40, 57.

Ces derniers mots, bien innocents en apparence, étaient gros de conséquences. Le commerce habituel des Dinantais dans la Grande-Bretagne, consistait, nous l'avons vu, dans la vente des ouvrages de batterie et dans l'achat d'étain brut. C'est donc à ces seules opérations que l'on prétendait désormais les réduire. Une telle restriction n'eût jadis présenté aucun inconvénient. Mais il n'en était plus de même depuis le sac de la ville. Bien que l'industrie dinantaise se fût relevée du coup terrible qui lui avait été porté, elle fut bien loin de reprendre, après 1466, son ancienne importance. Les *Englandsfahrer* qui en exportaient les produits au *Stahlhof* de Londres se mirent dès lors à chercher, dans l'importation des draps anglais sur le continent, un supplément de profits. Mais la Hanse prétendait se réserver le monopole de ce trafic. Déjà, en 1471, le privilège accordé aux marchands fixés à Huy traduisait nettement ce dessein, et il n'est pas douteux que la limitation du commerce des Dinantais à leurs opérations *habituelles* en 1473 n'ait eu le même but. Ainsi, la décadence simultanée de la Hanse et de la batterie eut pour résultat l'amoindrissement de la situation que les Dinantais avaient réussi, dès le milieu du xiv^e siècle, à obtenir au *Stahlhof*.

Ils ne se laissèrent pas faire, d'ailleurs, sans protestation. En 1478, ils avaient de nouveau intéressé l'évêque à leur cause et celui-ci entretenait alors, en leur faveur, avec le *Deutscher Kauffmann* de Londres, une correspondance qui ne nous a malheureusement pas été conservée [1]. Huit ans plus tard, en 1486, ils se plaignaient au *Städtelag* des villes wendes à Lübeck d'être molestés dans la jouissance de leurs privilèges par le *Koopmann te Londen* [2]. Enfin, l'année suivante, ils adressèrent une protestation détaillée au *Hansetag* tenu également à Lübeck. Leurs délégués cherchèrent à démontrer, dans un mémoire présenté à l'assemblée le 29 mai 1487, que si, pendant longtemps, les Dinantais s'étaient bornés à acheter de l'étain en Angleterre, on ne pouvait prétendre qu'ils n'eussent pas le droit d'y acquérir du drap. Ils faisaient observer d'ailleurs qu'il

[1] D. Schaefer, *Hanserecesse von 1477-1530*, t. I, p. 24.
[2] *Ibid.*, t. II, p. 25.

leur était arrivé parfois d'en exporter et, rappelant le dévouement qu'ils avaient toujours montré à la Hanse, ils terminaient en suppliant celle-ci de ne pas vouloir qu'ils fussent *privilegiati ... nomine tantum et non re* [1]. Le 18 juin, Jean Salmier produisit devant l'Assemblée des attestations *certificatien* prouvant le bon droit de ses compatriotes [2]. Le comptoir de Londres, de son côté, attaqua la valeur de ces témoignages et affirma que, tant en vertu de la coutume que des *Copmans-boke*, les Dinantais ne pouvaient acheter à Londres que certaines sortes de drap. A la suite de ce débat, une enquête fut décidée dont nous ne connaissons malheureusement pas le résultat [3].

Ce curieux épisode suffit toutefois à montrer combien le maintien des relations de Dinant avec la Hanse était devenu précaire à la fin du xvᵉ siècle. Tout porte à croire que notre ville ne tarda pas à perdre bientôt sa place au *Stahlhof*. L'importance de celui-ci diminuait d'ailleurs rapidement et la batterie, de plus en plus languissante, perdait elle-même la force d'alimenter le commerce d'exportation qui avait fait sa grandeur au moyen âge. Dans la première moitié du xvıᵉ siècle, bien rares étaient les marchands Dinantais qui paraissaient encore en Angleterre. Pourtant, en 1546, la ville pria encore l'évêque Georges d'Autriche d'intervenir auprès du roi pour la maintenir en possession des privilèges de la Hanse [4]. Après cette date, nous ne connaissons plus aucune mention de ces franchises jadis si précieuses. Le dernier souvenir de l'affiliation de Dinant à la Hanse teutonique se trouve dans une lettre de 1618, adressée par son magistrat à celui d'Aix-la-Chapelle pour obtenir, conformément aux privilèges des *Hans-Steten*, l'abolition de certaines taxes frappées par ce dernier sur les marchandises de cuivre [5].

---

[1] D. SCHAEFER, *Hanserecesse von 1477-1530*, t. II., pp. 103-105.
[2] *Ibid.*, p. 172.
[3] D. SCHAEFER, *op. cit.*, p. 174.
[4] H. BORMANS, *Cartulaire de Dinant*, t. III, p. 303.
[5] L. LAHAYE, *Cartulaire de Dinant*, t. IV, p. 374.